NO ESPERES NADA DE NADIE

EL PELIGROSO PODER DE LA EXPECTATIVA, LA FÓRMULA DE LA FELICIDAD

Cassandra Ogushi

PREFACIO

Los seres humanos nos gustan llenarnos de ilusiones, sueños, deseos, expectativas que nos ayudan a pensar en un futuro ideal. Normalmente cuando soñamos algo o idealizamos algo que involucra a otras personas, esto puede generar un sueño de ilusiones que se convierte en una meta. Sin embargo, a veces esa meta no es compartida y/o bien, lo era en algún momento, pero las cosas cambian. Esto hace que cuando descubrimos que la otra persona o los involucrados no buscan lo mismos generá un mar de depresión.

Este libro, trata sobre el tema de que no esperes nada de nadie, y esto no significa que no tengas sueños o aspiraciones; más bien, que comiences a focalizar en que, aunque busquemos que otras personas realicen sueños parecidos a los nuestros o estén toda la vida con nosotros, no perdamos de lado que hay cosas que son deseos y otras que son realidades.

ÍNDICE:

CAPITULO 1:
La cara del egoísmo

El egoísmo es una actitud que se hace presente cuando lo que nos importa es solo el bienestar y porvenir de uno mismo.

A veces actuamos de forma egoísta sin ni siquiera saberlo. Seguramente te ha pasado que cuando algo no se cumple como tu esperabas, reaccionas de forma muy negativa o incluso de forma que logra deprimirte. El hecho es que cuando actuamos de una forma negativa podemos incluso sobreactuar o bien comportarnos de una manera que ni siquiera nosotros nos conocíamos, es tanta la rabia que puede sentirse en un momento y el no tener una inteligencia emocional, puede llevarnos a salirnos de nosotros mismos; ya sea, gritar, empujando a alguien, actuar de forma agresiva o contar con resentimiento hacia las personas.

Es también muy conocido que cuando estamos fuera de nosotros, y otros nos ven actuar de dicha forma ellos llegan a preguntar ¿qué pasó? A que se debe que actúes de esa forma.

Efectivamente cuando nosotros salimos de nosotros mismos, es porque ese sueño o deseo o anhelo no tuvo el resultado que esperábamos. La cara del egoísmo es efectivamente esto, cuando el resultado final no es lo que buscamos y no corresponde a lo que tanto queríamos o bien no se cumple como lo planteábamos y viene el enojo o depresión.

Esto se da mucho en las relaciones amorosas; es decir, cuando estamos en una relación y en algún momento del tiempo se habla de ciertas expectativas, como es: vivir juntos, tener una familia, casarse o diversos temas que generan ciertas expectativas. En ese momento puede que la pareja haya estado igual de ilusionado (a), pero puede que en un momento cuando las cosas van cobrando más importancia o bien la relación se puede considerar más fuerte, pareciera que ambos están listos para dar el siguiente paso, pero al momento de llegar ocurre que la pareja no opina igual y/o bien, ya no desea continuar. *¿Por qué ocurre esto?* Todo se debe a que nosotros sin querer o sin saber, extendemos nuestros sueños, y a veces nos enganchamos mucho a una respuesta. Es verdad, hay incluso momentos en que uno le pregunta a su pareja si quiere casarse algún día, y este nos dice que sí; pasa el tiempo, y pasan muchas cosas en la relación y cuando llega ese momento en que le mencionas que deseas casarte, la pareja resulta que te indica que ya no busca nada o que no está preparada o que no desea seguir en la relación; y es cuando nos molestamos y reprochamos aquél momento en que pusimos una meta en conjunto.

Al final, no puedes culpar de todo a la pareja, pues seguramente pasaron muchas cosas que hizo que cambiara de idea, o tal vez en ese momento hubiera querido eso, pero ya paso tanto tiempo que ya no espera lo mismo, sea cual sea la respuesta.

El punto es que te planteaste una expectativa, y no se trata que no tengas expectativas. Más bien, que en dado caso que la respuesta sea contraria a lo que esperábamos, no reaccionemos de forma molesta o triste o bien, no sufrir porque no obtuvimos lo que queríamos.

Debemos pensar que las cosas no pueden ser siempre como las buscamos, el no esperar y dejar que las cosas te impresionen es lo más maravilloso o mágico que puede haber.

Podemos plantearnos la idea el sueño y el anhelo, pero la expectativa del resultado de cómo será, debemos dejar que el destino nos permita demostrar

si será como el plan que teníamos o si
será diferente.

Así como un cuento, el final es un
desenlace que no siempre es el que
hubiéramos querido, pero lo
importante es que disfrutamos toda la
narrativa, y nos gustó tanto que tal vez
el desenlace ya no tenga el mismo
peso, o podamos abrirnos a ese final.

Así también en la vida, debemos ser
conscientes que no todo puede ser

como lo planteamos en nuestra mente, por lo que debemos disfrutar el proceso y las decisiones que tomamos. Solo así, seremos capaces de comprender que no todo es controlable.

Debemos soltar el egoísmo que nos invade, el hecho de que las cosas sucedan como queramos es parte del egoísmo y que la otra persona o las personas que nos rodean no cumplan nuestras expectativas hace que el egoísmo se enmarque más. Dado que lo que estamos haciendo es manipular a los que están a nuestro alrededor, y debemos considerar que cada ser humano es en principio un ser individual, y no siempre estará de acuerdo en todo lo que queramos. Ni las parejas que son tan unidas piensan igual o tienen las mismas opiniones, incluso se ha encontrado científicamente que las personas más felices son porque respetan a la otra persona en su individualidad.

Seguramente podrás decirte, pero mi pareja y yo estábamos de acuerdo en esa decisión, y/o, pero es algo que nos prometimos entre mis amistades o mi familia; y no se puede negar que pudo ser así, pero las circunstancias cambian, las opiniones también, y aunque quisiéramos que las cosas fueran talladas en piedra para que quedaran de dicha forma, no es así. No todas las personas son firmes y constantes ni coherentes, de hecho, existen más personas incoherencias en la vida que las que hacen valer sus creencias y deseos.

Incluso cosas tan simples como es decir a la pareja un ¡te quiero! Y la pareja responde, sólo con una sonrisa, o yo también, pero no dice lo mismo, y tu esperabas que esa persona dijera lo mismo que tú, y eso te deprime. El hecho es, que plantear expectativas generá egoísmo pues quieres que reaccione como tú quieres y al final no es así. Este tipo de circunstancias se puede arreglar hablando con la pareja, se dice que los problemas se podrían evitar hablando y es correcto, cuando no somos realmente honestos en nuestro sentir con la pareja, simplemente son cosas que se van acumulando y que en su momento le dimos una importancia pero no se lo hicimos ver a la otra parte, por lo que una parte de quitarse el egoísmo es hablar y decir que te gustaría y solo así sabrás si la pareja coincide o considera que es algo que no será así, y poco a poco las expectativas se van disminuyendo y se va mostrando una relación más real y sana.

CAPITULO 2:

Sufrimos por cada

espera

Será cierto que es más feliz una persona que no espera nada de nadie. Varios psicólogos coinciden que más allá de ser felices son personas más sanas. Sin embargo, para ser así requieres ser una persona con un grado de madurez que incluso no necesariamente lo obtienes por ser adulto, es más algo de poder comprender tus emociones y ser capaz de entender las necesidades de uno.

Recordemos que el ser humano es social por naturaleza, pero una cosa es ser social y que puedas convivir y otra es la dependencia para podernos sentirnos aceptados. Es decir, el no ser el centro de atención, el no ser una persona que sobresalga, el no tener cosas que nos hagan sentir "adinerados", el no poder viajar mucho, el tener una novia o novio pero que esté no sea completamente como queremos que se comporte, o sea, todo eso enmarca expectativas y dependencia. Pues para ser feliz, dependes de todo eso y eso poco a poco se vuelve una obsesión o un anhelo que puede salirse de control. Desde que somos pequeños tenemos una dependencia hacia las personas, a la mamá para criarnos, al papá para educarnos. Todo esto se trata de tener amor propio hacia ti mismo, y no poner en otros algo que tú quieres.

Cuando esperamos algo de una

persona, se convierte en algo que realmente queremos que pase, pero no siempre sucederá de dicha forma y debemos estar preparados para ello, no obstante, normalmente no lo estamos y esto nos genera una desilusión, tristeza y hasta sensación de que la otra persona no nos aprecia de la misma forma. Esto nos genera sufrimiento pues nos hace sentir que no somos comprendidos, o no a la forma que queremos.

El famoso bruce lee decía "no estoy en este mundo para estar a la altura de tus expectativas y no estás en este mundo para estar a la altura de las mías" Alguna vez te has puesto a pensar que la mayor parte de las decepciones que tienes en tu vida se debieron a las expectativas que te planteaste.

También seguramente te habrás dado cuenta que gran parte del mundo de la música se trata de desilusiones, rompimiento de sueños. Al final, todo está relacionado a las expectativas y anhelos planteados que lo dejamos como una meta y esto nos hace sufrir.

¿Es posible vivir sin expectativas? Más bien, es posible vivir en este mundo sin esperar que los otros reaccionen o realicen lo que queremos, al final debemos dejar ser a cada persona como es. Es difícil y puede ser duro al inicio, pero poco a poco debemos formarnos de esta forma para así poder vivir en plenitud y tranquilidad, y verás como las cosas las verás desde otra perspectiva. Incluso aquellas personas que son así podrían verse en sociedad como insensibles, pero realmente ellos nos demuestran un camino más de realismo.

Tienes que atreverte a soltar a las personas y también en dado caso que tus expectativas sean cosas que tú buscas realizar y estas no se cumplen, debes dejar de molestarte contigo mismo y seguir adelante. La vida es sin duda una oleada de cosas buenas cosas malas, y sin duda nos demuestra que nada está puesto en piedra, que las cosas suceden a veces de forma inimaginable. Es por ello que, no puedes ir en contra de la marea, pero si puedes aprender a entenderla.

Debes dejar de tener esa necesidad de que las cosas sean como tú quieres, pues al final es eso una necesidad.

Aunque no lo creas, lo que te hace falta es mejorar tu autoestima y dejar a los otros que hagan las cosas, aunque no sé cómo uno quisiera. Pues quien se quiere de verdad puede ser feliz con lo que tiene y apreciar y valorar las cosas desde un punto de vista más intangible.

Cuando aprendes a dejar de esperar o plantear expectativas en los demás, notarás como poco a poco tu entorno cambia, y tu forma de ver las cosas se vuelve más tranquila menos frustrante.

CAPITULO 3:

Menos expectativas más tranquilidad

Será que ¿engrandecemos nuestras expectativas o nos decepcionamos de la realidad que vivimos? Seguramente ocurren ambos lados, pero el punto es como actuamos ante los hechos. Nuestra mente es sin duda una generadora de deseos y planes, que poco a poco las vamos combinando con anhelos y expectativas, por ejemplo cuando pensamos en comprar un carro, al principio pensamos más que nada en la movilidad, de poder desplazarnos de un lugar a otro, y poco a poco en nuestra mente nos vamos generando un deseo de tener el modelo más reciente, el más rápido, el que tenga una elegancia en el diseño, o bien el que sea algo que podamos comprar a mensualidades cómodas; sea como sea, nuestra mente ya planteo un sinfín de expectativas y poco a poco al ir buscando pareciera que nos tuviéramos que "conformar" con lo que encontramos o lo que se ajusta al presupuesto.

Sabías que vivir sin expectativas es una forma de vivir sin miedos. Aunque suene difícil de creer, las expectativas lo que forman es una realidad de lo que más quisiéramos que sucediera, pero incluso en nuestro interior sabemos que no puede cumplirse al 100%, por ejemplo quisiéramos vivir miles y miles de años, pero al final somos finitos y solo tenemos un tiempo, por lo que es mejor disfrutarlo al máximo, y con esto me refiero a saber apreciar a los seres que tenemos, a las cosas que hemos logrado, y a la vida misma.

La vida se vuelve más simple y lógica, y deja de existir un estrés constante de tener que cumplir tal y como nos planteamos las cosas. Esto nos ayuda a liberamos de algo que no sabemos si el resultado será ese o no. Cual sea el resultado sabemos que dimos todo y disfrutamos el proceso; es por ejemplo un partido de futbol al final los jugadores saben lo que tienen que hacer y la búsqueda es ganar, pero ¿lo logran todo el tiempo? Claro que no, pues por más estrategias que se implemente o más deseo que se tenga, no siempre se logra ese resultado, y puede existir cantidad de respuestas como que: el oponente pudo ser mucho mejor o bien las cosas se salieron de su control. Por lo que, cuando el partido termina y no se logró el resultado que quisieran, ellos saben que deben esforzarse más, pero ellos saben que solo hay tres resultados ganar, perder o empatar. Por lo que la vida de ellos se vuelve más simple, y solo es el deseo de poder lograrlo, pero sabiendo en cuenta que no siempre se va a cumplir. Así es como ellos disfrutan el juego y claro está habrá jugadores que se enfadan de no haber ganado, y eso se hace el reflejo de una expectativa de una necesidad del éxito y habrá otros jugadores que vez con una tranquilidad y una alegría de que lograron hacer varias cosas en el juego y lo disfrutaron al máximo sabiendo que dieron lo mejor de ellos.

El tener menos expectativas nos permite ser más nosotros mismos, ser la esencia que nos compone. No significa que dejes de tener sueños y anhelos, significa que eres capaz de entender que el resultado no siempre será el que esperamos, solo debemos esforzarnos y dar lo mejor de nosotros y si este se cumple sin duda será algo positivo y sino debemos aprender de ello, esto no significa que no existen cosas negativas. Más bien, es referir en que debes ver las cosas desde otra perspectiva y aunque duela o nos haga sentir mal, debemos aprender de ello sea bueno o malo.

CAPITULO 4:

No esperes nada de los demás solo de ti

Alguna vez te has dicho a ti mismo: *"debo tener más dinero, debo ser más delgada, debo ser más segura"*. Todas estas son expectativas, y nuevamente no es que tengan algo de malo, sino que no esperamos que el resultado sea el que estamos planteando, debemos ser capaces de abrir nuestra mente a diversas posibilidades, solo así seremos capaces de no sentirnos tristes o negativos ante la situación.

Aceptación.

Debemos considerar que la autoestima

es fundamental para no esperar algo de alguien, debemos querer y amarnos por quienes somos. Aprender y aceptar tu esencia, tu forma de ser, tu personalidad; ahora bien, si anda algo mal con ello, es decir si queremos cambiar algo. Entonces debes definirte y darte una verdadera personalidad.

Recuerda que no venimos a este mundo a cumplir expectativas de otros, ni tampoco plantearnos cosas irreales, poco a poco somos capaces de entender que santa Claus ni el coco existen.

La vida es una realidad, y debemos plantearnos las cosas que pueden pasar sea buenas o malas que puedan suceder, debemos ser capaz de ser responsables por nuestros actos y aunque cueste trabajo esto nos lleva a dejar de plantear expectativas que no nos ayudan más que a ver las cosas como si fuera un diamante brillante.

Debemos dejar de poner objetivos o expectativas a los demás, todo ser es un individuo, que está formado de una manera y que puede cambiarla mientras él o ella esté dispuesto hacerlo; por lo que, no queramos hacer las cosas de otra forma. Todo en la vida tiene un orden, desde que nacemos sabemos que el destino final es la muerte, pero todo el proceso debemos disfrutarlo al máximo y con sueños e ilusiones que nos permitan aspirar a mejorar y ver las cosas desde una plenitud que nos generará felicidad. Sin embargo, si toda la vida nos llenamos de expectativas cuando lleguemos al final de la misma, estaremos desilusionados y frustrados de no haber logrado todas ellas, cuando realmente solo nosotros nos la planteamos.

Si existen buenas expectativas

Las buenas expectativas son aquellas que nos planteamos para mejorar, y que sabemos tenemos el control sobre ellas pues es sobre nosotros mismos. Entonces, que pasa cuando los demás nos sacan de nuestras casillas ¿solo yo debo cambiar? No es así, alguna vez has escuchado que cuando tú tienes una actitud positiva los demás la sienten, es decir cuando tu sonries lográs trasmitir esa sonrisa a los demás y seguramente genera un efecto parecido en ellos, es decir ellos también sonríen. Así es igual, cuando nosotros cambiamos ciertos aspectos y los demás les agrada o gusta ello, poco a poco se van envolviendo en esto, pero no hay una fuerza o exigencia de tu parte, simplemente es algo natural. Debes considerar que no puedes ser exigente con los demás, y debes evitar también presionarte demasiado. Todo tiene un límite, debes conocer los tuyos y claro, puedes ir mejorándolo poco a poco, pero no todo de un golpe.

Debes considerar que no puedes cambiar a los demás, y si lo lográs seguramente será por un tiempo, pero luego verás que a esas personas pueden volver a ser como eran antes y/o bien, cambiar completamente. Recuerda que cada persona es diferente, y por eso mismo su esencia será reflejada en algún momento.

No esperes nada de los demás, solo de

ti mismo, al final lo que tú puedes controlar, es a ti mismo, pues sabés tus fortalezas, tus debilidades y tu esencia. Eres capaz de decir que hacer con tu vida, y hacia donde quieres ir. Por lo que, eso te hace dueño y responsable de tus propios actos.

Tú sabés que puedes plantearte y que deseas hacer, y aunque tengas una pareja, puedes decidirlo en conjunto, pero debes tomar siempre en cuenta que no solo hay una sola solución, sino que puede haber una gama de la mismas, esto te ayudará a dejar de plantear expectativas y permitirte sentirte bien con cualquier respuesta que pueda existir.

CAPITULO 5:

Consejos prácticos

Es importante que nos enfoquemos en que podemos hacer nosotros para cambiar este circulo vicioso de ansiedad, frustración y depresión que nos ocasiona el esperar algo de alguien.

Primeramente, debes **conocerte**, reconoce que tienes un problema por lo que identificar alguna situación que hayas vivido una decepción o algo que te haya generado enfado porque alguien no hizo las cosas como hubieras querido, te puede ayudar a reconocerte.

Ya que fuiste capaz de reconocer el problema, ahora debes **prevenirlo,** evitar repetir lo que normalmente ocurre. Para ello plantea una situación hipotética y trata de ir pensando en nuevas formas de comportarte o bien cuales son las posibles soluciones o tipo de resultados que pueden esperarse.

Algunas de las recomendaciones que hacen los psicólogos para este tipo de situación, es que realicemos ejercicios de yoga, meditación, respirar hondo o bien, pensar en cosas agradables.

Trata de practicar más la inteligencia emocional, si bien es un mundo muy amplio lo que se refiere la inteligencia emocional, notarás que cuando entiendes el motivo de tus sentimientos, la forma en como te vez, y como te gustaría, poco a poco vas definiéndote y mejorando lo que sientes que no es correcto el cómo reaccionas.

Si con todo esto no logras modificar tu comportamiento de respuesta, y sigues considerando que debes esperar algo de los demás, entonces la mejor recomendación es buscar a un profesional un psicólogo, una persona experta que te pueda brindar herramientas y escuchar sobre lo que te sucede.

CAPITULO 6:

Conclusiones

El reununciar a querer controlar o tener la necesidad de que todos estén de acuerdo con lo que dices o haces, sin duda representará un gran alivio. Aunque no lo creas el plantear expectativas, genera un interés de deseo que buscas que se cumpla con la finalidad de sentir esa satisfacción que todo resultó como a ti te gustaría, pero debemos recordar que si algo que tiene la vida es que es misteriosa y nos juega en todo momento con los resultados.

Por lo que el anhelar algo no significa que se cumpla al pie de la letra como coloquialmente se dice, sino que es algo que puede llegar a ser un resultado esperado como no necesariamente que se cumpla. Es como el Karma mismo, a veces quisiéramos poder presenciarlo, pero no necesariamente ocurre así.

Recuerda que antes que nada, no podemos controlar a los demás, solo a nosotros mismos, cada ser humano tiene su individualidad y es su escencia que lo distingue. Tal vez hemos idealizado mucho a la pareja y queremos que haga cosas que nos gustaría o que actuara de cierta manera, pero al final solo será su decisión si quiere cambiar aspectos de el o ella misma. Lo que debemos mejorar al final es nuestra autestima, y mejorar como personas, debemos pensar en definirnos, pues solo así seremos capaces de entender lo que buscamos y queremos y ser capaces de tener una inteligencia emocional que nos permita entender que no siempre existe un único resultado, sino que hay una gama de posiblidades y aceptar cada una de ellas.

FIN